Ein Buch für Mozartfreunde
von
Carl Nödl

Wege zu

Wolfgang Amadeus
MOZART

Erhaltene Stätten
in
Wien, Baden, Linz
und
Salzburg

Österreichischer Kunst- und Kulturverlag

Bildnachweis:

Titelbild nach einem Original von Barbara Krafft (1764-1825) aus dem Jahre 1819 nach Aufforderung von Joseph Sonnleithner © Gesellschaft der Musikfreunde Wien;
Prunksaal © Österreichische Nationalbibliothek, St 127 F (16);
Zauberflötenhäuschen © Stiftung Mozarteum Salzburg;
Augartengebäude © Porzellanmanufaktur Augarten;
alle anderen Abbildungen aus dem Archiv des Verfassers.

Bibliographische Information der Deutschen Bibliothek:
Die Deutsche Bibliothek verzeichnet diese Publikation in der Deutschen Nationalbibliographie; detaillierte bibliographische Daten sind im Internet unter http://dnb.ddb.de abrufbar.

ISBN 978-3-85437-318-6

ÖSTERREICHISCHER
KUNST- UND KULTURVERLAG
Freundgasse 11, A-1040 Wien
Tel.: (+43-1)58 78 551 Fax: (+43-1)58 78 552
office@kunstundkulturverlag.at
http://www.kunstundkulturverlag.at

Ein Buch als Führer zu Mozartgedenkstätten –

kann das heute sinnvoll sein? Tragen nicht ohnehin alle Musikfreunde dieses außerordentlich reiche Erbe im Gedächtnis, zählt es nicht längst zum Besitz unseres persönlichen Wissens und Erlebens? Oder ist jede Generation angehalten, angesichts dieses Erbes ihren adäquaten Zugang zu Person und Werk Wolfgang Amadeus Mozarts erneut zu suchen? Sinn dieser Arbeit ist es, dem Leser und Musikfreund dabei zu helfen und ihm anhand von Originaltexten direkten Kontakt mit dem Genie Mozart zu ermöglichen.

Von den vielen Gebäuden, die mit Wolfgang A. Mozart in Verbindung gebracht werden können, sind nach zwei Jahrhunderten, in denen sein überreiches Erbe Kulturbesitz der Welt wurde, relativ wenige erhalten geblieben. Im I. Wiener Gemeindebezirk sind es 24 Gedenkstätten, die man zu einem „Mozartweg" reihen kann (siehe Planskizze auf vorderer Einbandklappe): beginnend mit einer kleinen Gruppe (1-4), die um den Platz „Am Hof" zu finden ist, führt er über Freyung und Minoritenplatz bis zur Hofburg und jenen Erinnerungsstätten (5-15), die mit Mozart als Wunderkind, später als Komponist und Interpret verbunden sind. Die Gruppe östlich der Achse Kärntner Straße / Rotenturmstraße (16-24) umfasst u. a. die wichtigen Stätten Mozartmuseum, Deutschordenshaus, Stephansdom und Haus Jacquin. Weitere zehn Erinnerungsplätze (25-34), an der Peripherie gelegen, findet man in den Bezirken II bis XIII (hintere Einbandklappe). Der Anhang beschreibt Mozartstätten in Baden (35-36), Linz (37-39) und Salzburg (40-50).

Angesichts der vielen im Verlaufe von zwei Jahrhunderten zerstörten Aufführungsstätten von Werken Mozarts, wie etwa das k. k. Hofburgtheater, das Freihaustheater, der Trattnerhof und die vielen Stadtpalais des

Hochadels (Cobenzl, Colloredo, Esterházy, Galizin, Kaunitz, Kinsky, Tinti, Wilczek, Zichy etc. mit zum Teil geänderten Besitzverhältnissen), aber auch Wohnungen, wie das Sterbehaus in der Rauhensteingasse, sind die wenigen, glücklicherweise erhalten gebliebenen Mozartstätten heute für alle Welt von unschätzbarem Wert. Aber wie viele mögen wohl im Wechsel der Generationen in Vergessenheit geraten sein?

Der heute Nachforschende, und mit ihm der Leser, betritt hier eine Epoche, die ihm naturgemäß fremd ist. Genau besehen waren es ja mehrere Welten, die im 18. Jahrhundert nebeneinander bestehen mussten, sich dabei aber zunehmend behinderten. Doch allen dämmerte es, dass dieser Zustand nicht von Dauer sein konnte. In Frankreich riefen deshalb Montesquieu (1689-1755), Voltaire (1694-1778) und Rousseau (1712-1778) nach einer neuen, humanen Ordnung der Gesellschaft.

Vorreiter einer neuen, anderen Welt waren hierzulande Musiker. In einem Land, das seit Generationen von musikbegabten Herrschern regiert wurde, konnte es nicht anders sein, als dass der Musik auch vom Volk ein besonderer Stellenwert eingeräumt wurde. In jenen Jahren – anscheinend wie göttliche Fügung – kamen zwei Musiker in diese Welt der Habsburger: keine mediokren Kapellmeister! Nein, sondern zwei musikalische Genies reformierten alles bisher Dagewesene und stießen das Tor in eine neue, bessere Welt auf: Joseph Haydn und Wolfgang Amadeus Mozart.

Haydn, der Vater der Kammermusik, der Symphonie, der großen Oratorien! Kammerdiener saßen nun in der Stimmführung gleichrangig neben ihren Fürsten und Grafen, denn diese 85 herrlichen Streichquartette musste man kennenlernen. Bald war sogar jeder vierte Wiener aktives Mitglied eines Streichquartetts. Um die Symphonien aufführen zu können, 104 an der Zahl, musste man aber vielerorts erst Orchester gründen. Und Haydns Oratorien *Die Schöpfung* und *Die Jahreszeiten*? Um sie spielen zu können, gründete man in den Residenzstädten Europas Konservatorien. Seit über 200 Jahren werden nun diese Werke aufgeführt, sind zumeist ausverkauft, und die Einnahmen fließen, wie einst, wohltätigen Zwecken zu. Revolution mittels Musik? Sieht man bei diesem Gedanken nicht das verschmitzt weise Lächeln des Meisters?

Mozart, kraft seiner Genialität der andere musikalische Revolutionär, war plötzlich da – wie von einem anderen Stern. Das sechsjährige Kind schien keine technischen Schwierigkeiten zu kennen. Die Schmalheit der Tasten und die geringe Anschlagtiefe des Hammerflügels kamen seiner Kinderhand entgegen, beim Spiel einer Oktave half seine andere Hand blitzschnell aus, so dass der Zuhörer diesen Trick nicht wahrnahm – sein Klavierspiel war von bis dahin ungekannter Qualität. Die Auftritte des Geschwisterpaares Nannerl und Wolfgang Amadeus waren daher die Sensation der Oktobertage 1762 in Wien. Bald wollte jeder Adelige diese neue Art von „Musikvarieté" in seinem Salon zeigen. Nicht nur in Wien. In den nächsten Monaten startete der ehrgeizige Vater mit seinen Kindern eine Konzertreise, die innerhalb von sechs Monaten an die Höfe in Deutschland, Frankeich, England und die Niederlande führte. Die Einnahmen waren großartig, aber der „Preis" riskant hoch: Reisen im 18. Jahrhundert bedeutete monatelang tägliche Folter auf Schotterpisten, die man heute nicht als Straßen bezeichnen könnte. Das Kind, mit wundgescheuertem Gesäß, musste auf den Händen sitzen, um die Schmerzen ertragen zu können. Doch der Reisereigen ging weiter nach Italien – mit Ehrungen, die noch nie einem Kind zuteil geworden waren: in Rom die Verleihung des päpstlichen Ordens „Ritter vom goldenen Sporn", in Bologna und Verona die

Diplome der Accademia Filarmonica. Welch ein Lebensbeginn!

Zu den wichtigsten Unterlagen jeder Mozartforschung gehören unzweifelhaft Briefe, und zwar vor allem jene von Vater Leopold Mozart an seinen Freund Lorenz Hagenauer in Salzburg, weiters Wolfgangs Schreiben an seinen Vater, an seine Schwester Nannerl, an seine Gattin Konstanze und an Freunde. All diese Briefdokumente, eingebettet in eine Mozartforschung von verlässlicher Dichte, ermöglichten diesen Führer. Anzeigen und Berichte, in- und ausländischen Journalen entnommen, vervollständigen das jeweilige Zeitbild.

Die Familie des Salzburger Großkaufmannes Lorenz Hagenauer (1712-1792), Besitzer des Hauses Getreidegasse 9, wurde für die Mozarts, und aus heutiger Sicht auch für die Mozartforschung, zum besonderen Glücksfall. Die bald eng befreundeten Familien unterstützten einander in vielen täglichen Belangen, bei den Reiseunternehmungen der Mozarts, Empfehlungen an wichtige Freunde, Postvermittlungen, Berichten über den Salzburger Hof etc.; vor allem aber durch die Aufbewahrung der vielen Briefe Leopold Mozarts rettete Lorenz Hagenauer das wichtigste Dokumentenmaterial über Wolfgangs Kindheit für die Nachwelt.

Es schien mir sehr wichtig, einen unmittelbaren Kontakt zu Mozart zu bieten, um so an dessen Gedankenwelt, seine Wünsche und Sorgen heranzuführen. Der Leser wird dabei erkennen, wie extrem offen – und daher verletzlich – diese Seele von Beginn an gewesen ist.

Es ist glaubhaft überliefert, dass der sechsjährige Wolfgang Amadeus nach seiner Darbietung am Klavier zum nächsten Besucher lief und an ihn die Frage richtete: „Hast Du mich lieb?“ Es war ihm also nicht wichtig zu wissen, ob ihm das Musikstück gefallen habe; das nahm er offenbar als sicher an. Nein, er hatte doch sein ganzes „Ich“ in sein Spiel einfließen lassen und wollte nun erfahren, ob man das erkannte und schätzte. Als einmal ein „Spaßvogel“ mit einem „Nein“ antwortete, brach für den kleinen Musiker seine Welt zusammen, so dass er kaum mehr zu trösten war.

Diese bedingungslose Direktheit war es, die auch sein späteres Leben und Schaffen bestimmte. Sein bester Freund, Gottfried von Jacquin, schrieb in Mozarts Stammbuch:

Wahres Genie ohne Herz ist Unding – denn nicht hoher Verstand allein, nicht Imagination, nicht beide zusammen machen Genie – Liebe, Liebe, Liebe ist die Seele des Genies!

War Mozarts Leben und Werk also tatsächlich wie bei kaum einem anderen Komponisten von Liebe – was immer man darunter verstehen mag – bestimmt? Ein Leben auf dem „Drahtseil“ –, doch konnte es anders sein?

Man erkennt diese Liebe des Genies auch als Grundzug in seinem dramatischen Schaffen, von *Bastien und Bastienne* bis zur *Zauberflöte* und seinem letzten vollendeten Chorwerk *Ave verum*. Nicht weniger augenfällig bemerken wir heute in den Adagiosätzen seiner Klavierkonzerte die geradezu suggestive Zuwendung, die er damals dem Publikum seiner Akademien widmete, das vornehmlich aus Mitgliedern der Aristokratie und Hofchargen bestand.

Wolfgang A. Mozart, der umfassend Liebende, der bedingungslose Humanist? Vielleicht nähern wir uns damit dem Kern seines bis heute ungebrochenen Erfolges.

Wien, im Frühjahr 2011 Carl Nödl

Mozartstätten im 1. Wiener Bezirk

1	Tiefer Graben 18	Wohnung Mozarts 1773
2	Am Hof 13	Palais Collalto
3	Judenplatz 11 / Wipplingerstraße 7	Wohnung von Hofrat Johann G. v. Braun
4	Am Hof 1	Kirche am Hof zu den 9 Chören der Engel
5	Freyung 3	Palais Harrach
6	Minoritenplatz 3 / Löwelstraße 6-8	Palais Dietrichstein / Uhlefeld und Thun-Hohenstein
7	Kohlmarkt 7	Wohnung Mozarts 1783
8	Kohlmarkt 11	Großes Michaelerhaus
9	Michaelerplatz 5	Michaelerkirche
10	Ballhausplatz 2	Staatskanzler Wenzel Fürst Kaunitz-Rietberg
11	Josephsplatz 6	Palais Palffy
12	Josephsplatz 2	Hofbibliothek
13	Josephsplatz 3	Redoutensaal
14	Hofburg	Leopoldinischer Trakt
15	Burggarten	Mozartdenkmal
16	Himmelpfortgasse 6	Saal des Traiteurs Ignaz Jahn
17	Singerstraße 7 / Blutgasse	Wohnung Mozarts 1781
18	Schulerstraße 8 / Domgasse 5	Wohnung Mozarts 1784-1787
19	Schulerstraße 10	Gasthaus „Zum König von Ungarn“
20	Stephansplatz	Katharinenkapelle
21	Stephansplatz	Kreuzkapelle (Katakombenabgang)
22	Petersplatz	Kirche St. Peter
23	Bäckerstraße 16	Haus Freiherr von Jacquin
24	Fleischmarkt 11	Gasthaus „Griechenbeisl“

Mozartstätten in den Wiener Bezirken 2 bis 13

(in Klammern: öffentliche Verkehrsmittel und nächstgelegene Zielstationen)

25	13., Hietzinger Hauptstraße 1a (U4, Hietzing)	Wohnung Staatskanzler Wenzel Anton Fürst Kaunitz-Rietberg
26	13., Schloss Schönbrunn (U4, 58, Schönbrunn)	Spiegelsaal
27	13., Schloss Schönbrunn (U4, Schönbrunn)	Orangerie
28	8., Auerspergstraße 1 (46, Schmerlingplatz)	Palais Auersperg
29	2., Obere Augartenstraße 1 (31, 5A)	Augarten
30	2., Praterstraße 63 (U1, Praterstern)	Haus Martha Elisabeth Baronin von Waldstätten
31	4., Mozartplatz (62, Paulanergasse)	Mozartbrunnen
32	3., Rennweg 91 (71, 74A, Ziakplatz)	Pfarrkirche Mariä Geburt
33	3., Leberstraße 6-8 (74A)	Friedhof St. Marx
34	11., Simmeringer Hauptstraße 234 (71)	Zentralfriedhof, Ehrengrab Gruppe 32A, Nr. 55

Anhang

BADEN b. Wien

35	Renngasse 4	Mozarthof
36	Pfarrplatz 7	Stadtpfarrkirche St. Stephan

LINZ a. d. Donau

37	Landhausplatz 2	Palais Thun-Hohenstein
38	Hauptplatz 1	Altes Rathaus
39	Hofgasse 14	Gasthof Kiener

SALZBURG

40	Getreidegasse 9	Mozarts Geburtshaus
41	Universitätsplatz 1	Alte Universität
42	Wiener-Philharmoniker-Gasse 2 / Universitätsplatz	Kollegienkirche
43	Sigmund-Haffner-Gasse 6	Haus von Sigmund Haffner
44	Residenzplatz 1	Residenz
45	Domplatz	Dom
46	Erzabtei St. Peter, St. Peter Bezirk 1	Stiftskirche St. Peter
47	Mozartplatz	Mozartdenkmal
48	Makartplatz 8	Mozarts Wohnhaus
49	Schwarzstraße 26	Zauberflötenhäuschen
50	Linzer Gasse 41	Sebastiansfriedhof

*Florenz, vom 8. April. Den 2ten dieses kam Herr Wolf. Malhart *), ein geschickter Tonkünstler des Erzbischofs von Salzburg, hier an, und ließ sich verschiedene mahle bey Hofe hören. Jedermann bewunderte die Talente dieses Künstlers auf dem Flügel um so viel mehr, da er erst dreyzehn Jahre alt ist. Er geht von hier nach Rom, und von da nach Mayland, die Musik zu der Opera zu komponiren, welche man in künftigen Carneval daselbst aufführen wird.*

Haude-Spenersche Zeitung, Berlin 1770, Nr. 54.

*Zu Venedig hat sich vor kurzem der junge Mozart, ein Clavierspieler von 15 Jahren, öffentlich hören lassen, und die Aufmerksamkeit und Bewunderung aller Musikkenner rege gemacht. Ein geübter Musikus gab ihm ein Fugenthema auf, welches er sofort über eine Stunde lang mit so vieler Wissenschaft, Fertigkeit und Harmonie, so richtig und tacktfest ausarbeitete, daß auch die größten Kenner in Erstaunen gesetzt wurden. Er hat für das Mayländische Theater eine ganze Oper componirt, die man daselbst im vergangenen Carneval aufgeführet hat.**) Seine leutselige Bescheidenheit, die seine frühe Wissenschaft noch mehr erhebt, erwirbt ihm durchgehendst das größte Lob, was seinem mit ihm herumreisenden würdigen Vater zum ausnehmenden Vergnügen gereichen muß.*

Vossische Zeitung, Berlin 1771, Nr. 36

*) Gemeint ist Wolfgang Amadeus Mozart.

**) Es handelt sich um die Opera seria „Mitridate, re di Ponto" (KV 87).

1 Wien 1., Tiefer Graben 18

(Innere Stadt Nr. 237)

Brief Leopold Mozarts an seine Frau Anna in Salzburg:

Wienn den 21. Juli 1773

Als wir in Wien ankamen war die alte Frau Fischerin eben beym nachtessen, denn sie essen um 6 uhr: ihre tochter und schwiegersohn waren in badnerbade, und kamen erst am Montage den 19ten nach Hause. Sie wußte kein Wort von unserer Ankunft, denn der Brief war an ihre Tochter gerichtet, und lag ohngeöffnet da, weil sie noch keine Gelegenheit hatte ihn ihr zuzuschicken.

... Wir haben bey dem Fischer schöne Zimmer und alle nothwendigkeit.

2 Wien 1., Am Hof 13

Palais Collalto (Innere Stadt Nr. 235)

Im Jahr 1560 auf dem damaligen „Freythof“ der Carmeliter für die Landschaftsschule neu erbaut. Seit 1671 im Besitz der gräflichen Familie Collalto.

Am 18. September 1762 unternahm Leopold Mozart mit seinen Kindern Wolfgang (6 Jahre) und Nannerl (11 Jahre) die erste Reise in die Residenzstadt Wien. Der Weg führte über Passau und Linz, von wo sie mit der „Wasserordinaire“ die Fahrt nach Wien fortsetzten und am 6. Oktober eintrafen.

Aus dem Brief von Leopold Mozart an seinen Freund Lorenz Hagenauer in Salzburg:

Wien, den 16. Oktober 1762

… Nun sind wir schon 8 täge hier und wissen noch nicht wo die Sonne in Wien aufgehet: denn bis diese Stunde hat es nichts als geregnet und unter einem beständigen Wind zu Zeiten ein wenig geschnien, daß wir so gar ein bißchen Schnee auf den Dächern sahen. Dabey war es auch, und ist wirklich noch wo nicht rechtschaffen kalt, doch rechtschaffen frostig. Eins muß ich sonderheitl: anmerken, daß wir bey der schantzlmauth ganz geschwind sind abgefertiget und von der Hauptmauth gänzlich dispensirt worden. Daran war auch unser H: Wolferl schuld: dann er machte alsogleich seine Vertraulichkeit mit dem H: Mautner, zeigte ihm das Clavier, machte seine Einladung, spielte ihm auf dem geigerl ein Menuet, und hiemit waren wir expedirt. Der Mautner bath sich mit der grössten Höflichkeit die Erlaubniß aus uns besuchen zu därffen, und notirte sich zu diesem Ende unser quartier. Bis itzt sind wir, ohngeacht des abscheulichsten Wetters, schon bey einer Accademie des graf Collalto gewesen, dann hat die Gräfin von Sinzendorf uns beym Graf Wilschegg, und den 11ten Bey S:r Exzellenz dem Reichs-ViceCanzler graf v. Colloredo aufgeführt, wo wir die Ersten Ministers und Dames des Kays: Hofes zu sehen und zu sprechen die gnade hatten: nämlich; den ungarischen Canzler graf Palfy und den böhm: Canzler graf Coteck samt dem Bischoff Esterházy und einer Menge die ich nicht alle merken konnte. … Nun sind wir schon aller Orten im Ruff, und als ich alleine den 10t in der opera war, hörte ich den Erzherzog Leopold aus seiner Loge in eine andere hinüber eine Menge sachen erzehlen, daß ein Knab in Wienn seye, der so trefflich das Clavier spielte etc. etc: selbigen abend noch um 11 uhr erhielt ich Befehl den 12ten nach schönbrunn zu kommen. Den andern tag aber erhielt ich neuen Befehl den 13ten dahin zu gehen, weil am 12ten das fest Maximilian, folglich ein unruhiger gallatag war, dann, wie ich höre, will man die Kinder gelegentlich hören. Hauptsächlich erstaunet alles ob dem Buben, und ich habe noch niemand gehört, der nicht sagt, daß es unbegreiflich seye …

3 Wien 1., Judenplatz 11 / Wipplingerstraße 7

(Innere Stadt Nr. 415)

Ehemalige Böhmische Hofkanzlei, erbaut 1709-1714 von Johann Bernhard Fischer von Erlach, 1754 erweitert durch Matthias Gerl. Hier befand sich die Dienstwohnung von Hofrat Johann Gottlieb von Braun.

Schon im März 1781 konzertierte hier Wolfgang A. Mozart vor einem „Kreis illustrer Gäste" des musikalischen Hausherrn. In seinem Brief vom 17. März 1781 berichtete er seinem Vater von der strapaziösen Reise nach Wien und seinen ersten Eindrücken:

Nun zum Erzbischof – Ich hab ein charmantes Zimmer in nemlichen hause wo der Erzbischof logirt. – Brunetti und Cecarelli logiren in einem anderen Hause – che distinzione! – mein Nachbar ist – H. v. kleinmayern, welcher bey meiner Ankunft mich mit allen höflichkeiten überhäufte – er ist auch in der that ein Charmanter Mann – um 12 uhr zu Mittag – leider für mich ein bischen zu frühe – gehen wir schon zu tische – da speisen die 2 Herrn leib und Seel kammerdiener, H: Controleur, H: Zetti, der zuckerbacker, 2 herrn köche, Cecarelli, Brunetti und – meine Wenigkeit. – NB die 2 herrn Leibkammerdiener sitzen oben an – ich habe doch wenigstens die Ehre vor den köchen zu sitzen – Nu – ich denke halt ich bin in Salzburg – bey Tische werden einfältige grobe spasse gemacht; mit mir macht keiner spasse, weil ich kein Wort rede und wenn ich was redn muß, so ist es allzeit mit der größten seriositet – so wie ich abgespeist habe so gehe ich meines Weegs. – Abends haben wir keine tafel, sondern jeder bekommt 3 dukaten – da kann einer weit springen. – der H: Erzbischof hat die güte und glorirt sich mit seinen leuten – raubt ihnen ihre verdienste – und zahlt sie nicht davor – Gestern um 4 Uhr haben wir schon Musick gehabt – da waren ganz gewiß 20 Personen von der größten Noblesse da – Cecarelli hat schon beym Balfi singen müssen – heute müssen wir zum fürst Galizin – der gestern auch da war – izt will ich nur abwarten ob ich nichts bekomme; bekomme ich nichts, so gehe ich zum Erzbischof und sage es ihm gerade – wenn er nicht will, daß ich verdienen soll, so soll er mich bezahlen, daß ich nicht von meinem Geld leben muß: … Meine adreße ist – im teutschen Hauß, in der Singerstraß.

Die Jahre 1781 und 1782 sind entscheidend im Leben von Wolfgang A. Mozart. Gestärkt in seinem Selbstwertgefühl durch den triumphalen Erfolg seiner ersten großen Oper in München wenige Wochen zuvor, musste er die provinzielle, erniedrigende Behandlung als kränkende Fesselung empfinden. Tatsächlich war die Einschätzung des Musikerstandes in „gehobenen Kreisen“ damals und noch weiterhin sehr unterschiedlich. War es doch bis dahin nur wenigen Ausnahmeerscheinungen unter den Komponisten gelungen, ungeteilte Hochachtung in nahezu allen Schichten der Bevölkerung zu finden. Vor Mozart erreichte dies in Mitteleuropa nur Joseph Haydn (1732-1809).

Die Briefe von Wolfgang A. an seinen Vater Leopold spiegeln die Selbstbefreiung des 25jährigen Genies wider. Zuerst sein entschlossener Schritt aus den Diensten des Salzburger Fürsterzbischofs Colloredo, in Zusammenhang damit das Ende der strengen Bevormundung durch seinen Vater und schließlich seine Heirat mit Konstanze Weber. Nun war er frei – wirklich frei? Der Schatten des Vaters wich nie von ihm.

Brief von Wolfgang A. an seinen Vater Leopold in Salzburg:

Vienne ce 9 Juin 1781

Nun hat es der Herr Graf Arko recht gut gemacht! – das ist also die Art die Leute zu bereden, sie an sich zu ziehen. – daß man aus angebohrner dummheit die Bittschriften nicht annimmt, aus manglung des Muths und aus liebe zur fuchsschwänzerei dem Herrn gar kein Wort sagt, Jemand vier Wochen herumzieht, und endlich da derjenige gezwungen ist die Bittschrift selbst zu überreichen, anstatt ihm wenigstens den Zutritt zu verstatten, ihn zur thüre hinaus schmeist, und einen Tritt in den Hintern gibt. – das ist also der Graf Arco dem es/: nach ihrem letzten Schreiben : / so sehr vom Herzen geht – das ist also der Hof wo ich dienen soll – an welchem man Jemand, der um etwas schriftlich einkommen will anstatt daß man ihm die Übergebung zuwege bringt, ihn also behandelt? – das geschahe in der ante chambre – mithin war kein ander Mittel als sich losreissen und lauffen – dann ich wollte für die fürstlichen Zimmer den Respect nicht verlieren, wenn ihn schon der Arco verloren hatte. – ich habe drey Memorial gemacht; habe sie 5 mal übergeben, und sind mir allzeit zurückgeschlagen worden. – ich habe sie ganz gut verwahrt, und wer sie lesen will, kann sie lesen und sich überzeugen, daß nicht das geringste anzügliche darinnen seye. ... Für dieses Memorial bekomm ich die Entlassung meiner Dienste auf die schönste art der Welt. – denn wer weis ob es nicht auf befehl des Erzbischofs geschehen ist?

4 Wien 1., Am Hof 1

Kirche „Zu den neun Chören der Engel“,
ehemalige Karmeliter- oder
Jesuitenkirche
Taufbecken in der Katharinen-Kapelle

Das als Hallenkirche 1386 erbaute Gotteshaus wurde 1662 durch eine barocke Hauptfront von Silvestre Carlone verändert und erlitt 1945 schwere Kriegsschäden.

Am 30. August 1773 leitete hier Leopold Mozart die Aufführung der Dominikus-Messe (KV 66) seines Sohnes.

Wolfgang A. Mozart ließ hier seine beiden Kinder Raimund Leopold (* 17.6.1783; † 19.8.1783) und Anna (* 16.11.1789; † nach der Geburt) taufen.

5 Wien 1., Freyung 3

Palais des Ferdinand Bonaventura Graf Harrach

Es wurde um 1702 von Domenico Martinelli erbaut, nach 1845 baulich verändert und erlitt 1945 starke Kriegsschäden.

Am 20. Oktober 1762 waren die Mozarts erstmals Gäste des Ferdinand Bonaventura Graf Harrach. Einen Monat später, am 20. November, wurden die Mozarts mit der Equipage des Grafen in das altehrwürdige Palais auf der Freyung gebracht. Es ist anzunehmen, dass der zuvor als Gouverneur der Lombardei in den Jahren 1747 bis 1750 erfolgreich tätig gewesene Graf bei Mozart anregte, in den nächsten Jahren auch die alten Musikzentren der Lombardei zu besuchen.

Die berühmte Gemäldesammlung, heute im Harrachschen Schloss Rohrau untergebracht, geht auf die vielfältigen hohen diplomatischen Funktionen der Dynastie Harrach in Spanien, Frankreich, Italien und den Niederlanden zurück.

6 Wien 1., Minoritenplatz 3 / Löwelstraße 6-8

Palais Dietrichstein, Uhlefeld und Thun-Hohenstein

1542 erstmals erwähnt, bestand der Komplex ursprünglich aus zwei Gebäuden, dem Palais der gräflichen Familien Uhlefeld und Thun-Hohenstein. 1755 wurde es durch Franz Hillebrand umgestaltet.

Karl Graf Zinzendorf, ein Zeuge, notierte nach einem Besuch im Hause Thun-Hohenstein in sein Tagebuch:

… wo der Junge aus Salzburg und seine Schwester Klavier spielten. Das arme Kerlchen spielte wunderbar. Er ist klug, lebhaft, allerliebst. Seine Schwester ist eine Meisterin. Er klatscht ihr Beifall. Fräulein Gudenus, eine gute Klavierspielerin, gab ihm einen Kuss, worauf er sich den Mund wischte.

Unterbrochen wurden diese beinahe täglich stattfindenden „Mozartiana“ durch die Erkrankung Wolfgangs an Knotenrose. So kam es, dass die Heimreise erst Ende des Jahres 1762 angetreten werden konnte.

7 Wien 1., Kohlmarkt 7

(Innere Stadt Nr. 1149, 1150, ursprünglich 2 Häuser, Schild „Zum englischen Gruß")

Brief von Wolfgang A. an seinen Vater in Salzburg:

Wien, den 21. Mai 1783

... der Baron Wetlar hat in seine Wohnung eine Dame bekommen. – und wir sind also ihm zu gefallen ausser der zeit in eine schlechte logis auf den kohlmarkt gezogen.– er hat aber hingegen für die 3 Monathe als wir dort logirten nichts angenommen, und die kosten des ausziehens auch übernommen. Unterdessen suchten wir ein gutes quartier; - und fanden es auf dem Juden-Platz, alwo wir nun sind. – auf dem kohlmarkt hat auch er alles gezahlt

8 Wien 1., Kohlmarkt 11

(Innere Stadt, Nr. 1182)

Das „Grosse Michaelerhaus“ wurde 1720 als Miethaus des Barnabitencollegiums St. Michael erbaut. Es war das Wohn- und Sterbehaus des Hofdichters Pietro Metastasio. Ab 1748 wohnte hier in einer Dachkammer der junge Joseph Haydn.

Aus dem Brief Leopolds Mozarts an Lorenz Hagenauer, 30. Juli 1768:

... Ich ließ den nächsten besten Theil der Werke des Metastasio nehmen, das Buch öffnen, die erste Aria, die in die hände fiel dem Wolfgang vorlegen; er ergrief die Feder, und schrieb ohne sich zu bedenken, in Gegenwart vieler Personen von Ansehen, die Musick dazu mit vielen Instrumenten in der erstaunlichsten Geschwindigkeit. Dieses that er beym Capellmeister Bono, beym Abbate Metastasio, beym Hasse ...

9 Wien 1., Michaelerplatz 5

Kirche St. Michael, erbaut 1222, durch Brände 1276, 1319, 1350 zerstört, 1416 erneuert

Hier fanden am 10. Dezember 1791 die feierlichen Exequien für den verstorbenen Wolfgang A. Mozart statt.

10 Wien 1., Ballhausplatz 2

Geheime Hofkanzlei

1717-1719 von Lukas v. Hildebrandt erbaut und 1766-1767 von Nikolaus Pacassi wesentlich erweitert. Wohnung von Staatskanzler Wenzel Fürst Kaunitz-Rietberg im 1. Stock. Heute sind hier das Bundeskanzleramt und das Ministerium für auswärtige Angelegenheiten untergebracht. Sein Privatpalais, 1760 in der Vorstadt Mariahilf erbaut, besteht heute nicht mehr.

Einem Brief von Mozart ist zu entnehmen, dass im Jahre 1785 zusätzliche Akademien (siehe Seite 56) im Palais des Grafen Zichy und bei Fürst Kaunitz-Rietberg stattgefunden haben.

11 Wien 1., Josephsplatz 6

Palais Palffy, Figarosaal

Das Palais des Johann Graf Palffy wurde um 1575 erbaut und befindet sich seit 1684 im Besitz der fürstlichen Familie. Die lange musikalische Tradition dieses Haus bewährte sich 1762, als der junge Hieronymus Graf Palffy auf der Durchreise in Linz das Konzert der Salzburger „Wunderkinder" im Salon des Grafen Thun-Hohenstein erlebte und ihn seine Begeisterung zum ersten tatkräftigen Propagandisten der Mozarts in Wien werden ließ. Er organisierte schon vier Tage nach ihrer Ankunft eine Akademie bei Franz de Paula Colloredo, zu der die einflussreichsten Mitglieder des Hochadels geladen waren. Gegen Ende der Wiener Auftritte lud der ungarische Hofkanzler Nikolaus Graf Palffy die Mozarts nach Preßburg ein, denn auch der ungarische Adel sollte die Mozartkinder erleben dürfen.

Im Jahre 1783 lebte Wolfgang A. Mozart seit einem Biennium in Wien. Seine Bewunderer aus Kindheitstagen waren ihm treu geblieben und hatten Anteil an seinen Erfolgen. In der

Liste seiner Schülerinnen konnte man nun eine Komtesse Josepha Gabriele Palffy finden.

Im Rahmen seiner Privatakademien konzertierte Mozart am 9. April 1784 bei seinen Förderern im Palais Palffy.

Ein echter Beweis von Freundschaft und gegenseitigem Vertrauen war die private Vorpremiere von *Die Hochzeit des Figaro* im Palais Palffy im Jahr 1786. Immerhin stand das Sujet des Pierre Augustin Caron de Beaumarchais (1732-1799) auf den Verbotslisten der meisten Staaten. Der grimmige Humor des „Se vuol ballare il signor contino", der die Oper von der Ouvertüre bis ins Finale begleitet, war das wienerisch-humane Vorspiel am Vorabend der Revolution in Paris.

In einem Brief vom 20. März 1784 an seinen Vater sandte Wolfgang A. Mozart die Liste der Subskribenten für seine Akademien: 172 Namen führte er an, wobei es sich um die „Creme" der Wiener Gesellschaft von Auersperg bis Zinzendorf handelte. (Graf Palffy war selbstverständlich darunter.) Mit merkbarem Stolz berichtete er seinem Vater:

Hier haben sie die Liste von allen meinen Subscribenten; - ich habe allein um 30 Abbonnenten mehr als Richter und Fischer zusammen. – Die erste Academie am 17-ten ist glücklich abgelauffen – der Saal war angesteckt voll. – und das neue Concert, so ich gespielt, hat ausserordentlich gefallen. Und wo man hinkommt hört man diese Academie loben. – Morgen hätte meine erste Academie im Theater sein sollen – Fürst Louis Lichtenstein giebt aber bey sich opera – entführt mir nicht allein den kern der Noblesse, sondern debouchirt mir auch die besten leute aus dem orchestre. – ich hab sie also durch ein gedrucktes Avertißement auf den 1-ten april verschieben lassen. – Nun muß ich schlüssen, weil ich zum Graf Titchy zur Academie muß. – bis die fasten vorbey ist, müssen sie schon mit mir gedult haben. – wir küssen ihm beyde Hände und umarmen unsre liebe schwester von Herzen …

12 Wien 1., Josephsplatz 2

K. k. Hofbibliothek

Der Prunksaaltrakt der heutigen Österreichischen Nationalbibliothek wurde nach Entwürfen von Johann Bernhard Fischer von Erlach 1723-1726 erbaut. Hier fand die Wiener Erstaufführung von Händels *Acis und Galathea* durch die „Kavaliersgesellschaft" Gottfried van Swietens am 29. 6. 1788 unter der Leitung von Wolfgang A. Mozart statt. Diese „Masque" wurde im November beim Benefizkonzert Mozarts im Jahnschen Saal wiederholt.

Aus einem Brief Gottfried Baron van Swietens an Wolfgang A. Mozart:

Wien, den 21-ten März 1789

… Wer Händel so feyerlich und so geschmackvoll kleiden kann, daß er einerseits auch den Modegecken gefällt, und andererseits doch immer in seiner Erhabenheit sich zeiget, der hat seinen Werth gefühlt, der hat ihn verstanden, der ist zu der Quelle seines Ausdruckes gelangt und kann und wird sicher daraus schöpfen …

Salzburg, vom 8. April. Da man schon lange keine Nachricht hatte, wo sich der Salzburgische Capellmeister, Herr Mozart, mit seinen bewunderungswürdigen Kindern befinde, so wird es vielen nicht unangenehm seyn zu vernehmen, daß selbiger nach seiner Reise von 3 und einem halben Jahre glücklich mit seiner Familie in Salzburg angekommen ist. Dasjenige, was diese Kinder aller Orten gethan, und ihre musicalische Wissenschaft, die sie besitzen, kann man weder beschreiben, noch glauben, ohne selbst gesehen zu haben. Der Münchensche Hof ward dessen überzeugt, da der kleine 10jährige Componiste bey der Tafel an der Seite Sr. Durchl. dem Churfürsten ein Stück hinschrieb, wozu Se. Churfürstl. Durchl. in ein paar Täcte ihm diejenigen Gedanken gaben, die er ausführen mußte; und Salzburg ward durch ein Singspiel, das er in Music gebracht, in Erstaunen gesetzet, und welches alle Anwesenden mit der äußersten Bewunderung anhöreten, welches die bey Gelegenheit des Fastenmarktes allda gewesene fremde Handelsleute nicht genug rühmen, und niemals ohne zärtliche Rührung davon sprechen können. Vielleicht werden sie bald eine Reise nach Italien machen.

Vossische Zeitung. Berlin, 1767, Nr. 51

Bei dem hier erwähnten Singspiel handelte es sich um *Die Schuldigkeit des ersten Gebots*, das in der Erzbischöflichen Residenz am 12. März 1767 zur Uraufführung gelangte.

Ein Jahr später unternahm Mozart mit seinem Sohn allein einen zweiten Wienbesuch. Sie kamen hier am 10. Jänner 1768 an und wurden zehn Tage später am Hof empfangen.

13 Wien 1., Josephsplatz 3

Redoutensaal

Brief von Wolfgang A. an seinen Vater in Salzburg:

Mon très cher Père!

Vienne ce 12 de Mars 1783

…wir haben am Fasching Monntag unsere Compagnie Masquerade auf der Redoute aufgeführt. – sie bestund in einer Pantomime, welche eben die halbe Stunde, da ausgesetzt wird, ausfüllte. – meine Schwägerin war die Columbine, ich der Harlequin, mein Schwager der Piero, ein alter Tanzmeister / Merk / der Pantalon, ein Maler (graßi) der Dottore. – Die Erfindung der Pantomime, und die Musik dazu war beydes von mir. – der Tanzmeister Merk hatte die güte uns abzurichten; und ich sag es ihnen wir spielten recht artig. – hier leg ich ihnen die ankündigung davon bey, welche eine masque als kleper Post gekleidet den Masquen austheilte. – die Verse, wenn sie schon knittelverse sind, könnten besser seyn; das ist kein Product von mir. – der schauspieler Müller hat sie geschmiert. – Nun muß ich schließen, weil ich in eine academie zum graf Esterházy muß. – leben sie indessen wohl …

14 Wien 1., Wiener Hofburg

Leopoldinischer Trakt

Brief Leopold Mozarts an Lorenz Hagenauer in Salzburg:

Wienn den 23. Jänner 1768

... Das neueste so ich – nebst unser aller, Gott Lob, guter Gesundheit – ihnen zu berichten habe, ist, daß wir Dienstags den 19ten Nachmittags von halbe 3 Uhr bis halbe 5 Uhr bey S:r Mayestätt der Kayserin waren. S:e Mayestätt der Kaiser kammen heraus in das Vorzimmer, wo wir warteten, bis die höchsten Herrschaften den Coffee genommen hatten, und führten uns selbst hinein. Es war gegenwärtig, nebst dem Kayser und der Kayserin Majestätt der Prinz Albert aus Sachsen, und alle Erzherzoginnen; ausser diesen höchsten Herrschaften aber keine Seele. Es würde zu lange seyn ihnen alles zu schreiben, was hier gesprochen worden, und was alles geschehen. Überhaupt muß ich nur sagen, daß sie sich unmöglich vorstellen können, mit was für einer Vertraulichkeit S:e Mayestätt die Kayserin mit meiner Frau sprach und sich theils wegen der Blattern meiner Kinder, theils wegen der Umstände unserer grossen Reise unterhielt; sie im Gesicht über die Wangen strich, und bey den Händen drückte; da entzwischen S:e Majestätt der Kaiser mit mir und dem Wolfgangerl: von der Musik etc. und vielen andern Sachen sprach und der Nannerl sehr oft die Röthe ins Gesicht trieb ... Ich kann mir aus allem, was ich sehe, und aus allen den dermahligen wie-

nerischen Umständen nichts günstiges vorstellen … die Kaiserin hält keine Musik mehr bey sich, sie gehet weder in die Opera, noch in die komedie und ihre Lebensart ist so von der Welt entfernt, daß ich es ohnmöglich genug beschreiben kann.

Mit dem Tod des Kaisers Franz Stephan am 16. August 1765 hatte sich die Stimmungslage am Wiener Kaiserhof gravierend geändert. Maria Theresia legte ihre Trauerkleidung bis zu ihrem Tod nie mehr ab, und angesichts der leeren Staatskassen herrschte nun rigorose Sparsamkeit. Auch die Stimmung in der Wiener Musikszene hatte sich geändert. Das Wunderkind konnte man noch neidlos bestaunen. Sechs Jahre später – das Kind war ein Jüngling geworden, das Wunder gereift und plötzlich Konkurrent. Eine Opera buffa will er komponieren? *La finta semplice*? Auch wenn sie der Kaiser selbst will, wir werden sie zu verhindern wissen! Der Chor der intriganten Neider wusste wie – und konnte es. In den Briefen von Leopold Mozart ist das schändliche Hintertreiben nachzulesen:

Brief Leopold Mozarts an Lorenz Hagenauer in Salzburg:

Wienn den 30-ten Juli 1768

… Die Sänger wurden aufgeredet, das Orchester aufgehätzet, und alles angewendet um die Aufführung dieser opera einzustellen … das Orchester wollte sich nun nicht gerne von einem Knaben dirigiren lassen etc. … von andern die Musick seye nicht auf die Worte und wider das Metrum geschrieben, indem der Knab nicht genug die italiänische Sprache verstehe … der Musikvatter Hasse und der große Metastasio erklärten, daß diejenigen Verläumder, die dieses aussprengen, zu ihnen kommen sollen … Nun hieß es, nicht der Knab, sondern der Vater hat es gemacht … Ich ließ den nächsten besten Theil der Werke des Metastasio nehmen, das Buch öffnen, die erste Aria, die in die hände fiel dem Wolfgang vorlegen; er ergrief die Feder, und schrieb ohne sich zu bedenken, in Gegenwart vieler Personen von Ansehen, die Musick dazu mit vielen Instrumenten in der erstaunlichsten Geschwindigkeit. Dieses that er beym Capellmeister Bono, beym Abbate Metastasio, beym Hasse und bey tit: Herzogen von Braganza und Fürsten Caunitz. Entzwischen ist wieder eine andere opera ausgetheilt worden …

15 Wien 1., Burggarten

Mozartdenkmal von Viktor Tilgner (1896)

Der Bildhauer Viktor Tilgner (*25.10.1844, Bratislava; †16.4.1896, Wien) war Schüler von Hans Gasser an der Akademie und in der Folge Hauptvertreter des Neubarock innerhalb der Bauplastik der Wiener Ringstraße. Er schuf weiters Porträtbüsten von Lessing, Goethe, Schiller, Grillparzer, Calderon, Molière, Shakespeare u. a.

16 Wien 1., Himmelpfortgasse 6

(Innere Stadt Nr. 965)

Das Gebäude wurde 1720 erbaut und wies den Saal des Traiteurs Ignaz Jahn auf. Wolfgang A. Mozart wählte mehrmals den beliebten Saal für seine Akademien; zuletzt am 4. März 1791 für sein letztes Auftreten als Pianist.

Musiknachricht

Herr Bähr, wirkl. Kammermusikus Ihrer Russisch-kaiserl. Maj. gab den 4. März in dem Saale bey Herrn Jahn eine große musikalische Akademie, und erwarb durch außerordentliche Geschicklichkeit auf der Clarinette bey den mehrentheils aus Kennern bestehenden Zuhörern sich allgemeinen Beyfall. – Herr Kapellmeister Mozart spielte ein Konzert auf dem Fortepiano und jedermann bewunderte seine Kunst sowohl in der Composition als Execution, wobey auch Mad. Lange durch etwelche Arien das Spiel vervollkommnete.

Wiener Zeitung, 12. März 1791

17 Wien 1., Singerstraße 7 – Blutgasse

Deutschordenshaus (Innere Stadt Nr. 933)

1781 befahl Erzbischof Colloredo Wolfgang A. Mozart, der 1779 Hoforganist in Salzburg geworden war, nach Wien zu kommen. Er wohnte zusammen mit dem Gefolge des Erzbischofs.

Brief von Wolfgang A. an seinen Vater Leopold in Salzburg:

Wienn den 17-ten März 1781

... izt will ich nur abwarten ob ich nichts bekomme; bekomme ich nichts, so gehe ich zum Erzbischof und sage es ihm gerade – wenn er nicht will, daß ich verdienen soll, so soll er mich bezahlen, daß ich nicht von meinem Geld leben muß: ... Meine adreße ist – im teutschen Hauß, in der Singerstraß.

18 Wien 1., Schulerstraße 8 / Domgasse 5

(Innere Stadt Nr. 853, Eigentümer Joseph und Albert Camesina)

Am 2. Februar 1784 bezog die Familie Mozart ihre bis dahin schönste Wohnung, umfasste sie doch 4 Zimmer, 2 Kabinette, Küche, Boden, Keller und 2 Holzgewölbe. Die Miete war entsprechend hoch. Vater Leopold Mozart berichtete darüber an seine Tochter Nannerl am 16. Februar 1785:

… daß dein Bruder ein schönes quartier mit aller zum Hauß gehörigen Auszierung hat, mögt ihr daraus schlüssen, weil er 480 fl Hauszüns zahlt. Den nämlichen Freytag abends fuhren wir um 6 uhr in sein erstes subcriptions Concert wo eine große Versammlung von Rang war. Die Person zahlt für die 6 Fastenconcerte einen Souvrin d'or oder 3 Dugatten. Es ist auf der

Mehlgrube, er zahlt für den Saal idesmal nur einen halben Souvrin d'or. Das Concert war unvergleichlich, das Orchester vortrefflich, außer den Synfonien sang eine Sängerin vom welschen Theater 2 Arien. Dan war ein neues vortreffliches Clavier Concert vom Wolfgang, wo der Copist, da wir ankamen noch daran abschrieb und dein Bruder das Rondeau noch nicht einmal durchzuspielen Zeit hatte, weil er die Copiatur durchlesen mußte. Daß ich da nun viele Bekannte angetroffen, und mir alles zulief, kannst dir leicht vorstellen: bey anderen aber wurde aufgeführt. Am Samstag war abends H: Joseph Haydn und die 2 baron Tindi bey uns, es wurden die neuen quartetten gemacht, aber nur die 3 neuen die er zu den anderen 3, die wir haben, gemacht hat. Sie sind zwar ein bischen leichter, aber vortrefflich componirt: H: sagte mir: Ich sage ihnen vor gott, als ehrlicher Mann, ihr Sohn ist der größte Componist, den ich von Person und dem namen nach kenne: er hat geschmack, und über das die größte Compositionswissenschaft.

Am Sonntagabend war im Theater die academie der ital. Sängerin Laschi, die izt nach Italien reiset. Sie sang 2 Arien, es war ein Violoncello Concert, ein Tenor und Baß sangen ieder eine Aria und dein Bruder spielte ein herrliches Concert, das er für die Paradis nach Paris gemacht hatte. Ich war hinten nur 2 Logen von der recht schönen württemb. Prinzessin neben ihr entfernt und hatte das Vergnügen alle Abwechslungen der Instrumente so vortrefflich zu hören, daß mir vor Vergnügen die thränen in den augen standen. Als dein Bruder weg gieng, machte ihm der Kaiser mit dem Hut in der Hand ein Compl: hinab und schrie bravo Mozart. – als er herauskam zum spielen, wurde ihm ohnehin zugeklatscht.

Anzeige

In der Kunsthandlung Artaria Comp. Am Michaelerplatz sind zu haben:

Vom Herrn Kapellmeister W. A. Mozart 6 ganz neue Quartetten für 2 Violinen, Viola und Violoncell, op. X, gestochen pr. 6 fl. 30 kr. – Mozarts Werke bedürfen keines Lobes, einiges anzuführen würde also gänzlich überflüssig seyn. Man kann sich dessen um so mehr versichern, da der Verfasser dieses Werk seinem Freund Joseph Haydn, fürstl. Esterház. Kapellm. zueignete, der es mit allem Beyfalle beehrte, dessen nur ein Mann von großem Genie würdig ist. In Anschauung dessen haben auch die Verleger keine Kosten gespart, um das Werk in aller Schönheit und Deutlichkeit des Stichs sowohl als Papier und Druck in die Hände des Liebhabers und Kenners zu liefern, in der Zuversicht, daß der darauf gelegte Preis, indem diese Quartetten 150 Seiten ausmachen, welche nicht unter 12 fl. geschrieben werden könnten, nicht zu hoch seyn dürfte.

Da Herr Kunsthändler Torricelli in den letzten Zeitungen auch 6 Quartetten von Mozart um billigem Preis, ohne dabey anzumerken, ob solche geschrieben oder gestochen, alt oder neu, ankündigte, so hält es Hr. Mozart für Pflicht, ein schätzbares Publikum hiermit zu benachrichtigen, daß gedachte 6 Quartetten keineswegs neu, sondern ein altes Werk; welches er bereits vor 15 Jahren geschrieben hat, damit Liebhaber, die seine neuen erwerben wollen, nicht die unrechten erhalten.

Wiener Zeitung, 17. September 1785

19 Wien 1., Schulerstraße 10

(Innere Stadt Nr. 845, Haus mit Schild „Zum König von Ungarn“, seit 1684)

In den Briefen an seine Frau erwähnt Wolfgang Amadeus Mozart zuweilen, wo er seine Mahlzeiten einnimmt. Sehr oft dürfte dies im heute noch erhaltenen Haus „Zum König von Ungarn“ der Fall gewesen sein. Er kannte den Gasthof gut, hatte er doch jahrelang im selben Häuserblock gewohnt (Domgasse 5 / Schulerstraße 8).

20 Wien 1., Dom zu St. Stephan

Gotische Hallenkirche (Bauphasen: Romanik 1147, 1263; Gotik 1304-1450)
Taufbecken in der Katharinenkapelle

Hier fand die Trauung von Wolfgang A. Mozart mit Konstanze Weber am 4. August 1782 statt. In der Taufkapelle wurden ihre beiden Söhne Johann Thomas Leopold (* 18.10.1786; † 15.11.1786) und Franz Xaver Wolfgang (* 26.7.1791; † 29.7.1844, Karlsbad) getauft.

21 Wien 1., Dom zu St. Stephan

Katakombenabgang, sogenannte Kreuzkapelle

An der nördlichen Außenseite des Domes neben der Capistrankanzel fand am 6. Dezember 1791 um 15 Uhr die Einsegnung des am Vortag verstorbenen Wolfang Amadeus Mozart statt (Gedenktafel).

22 Wien 1., Petersplatz

Rektoriatskirche St. Peter
Taufbecken

An der Stelle einer vermutlich seit dem 8. Jahrhundert bestehenden, wiederholt durch Brände zerstörten Kirche wurde ab 1702 dieser Bau unter Leopold I. von Gabriel Montani und Johann Lukas von Hildebrandt als Zentralbau mit ovalem Grundriss errichtet und in der Folge künstlerisch reich ausgestattet: Chordecke von Antonio Bibiena, Kuppelfresken von Johann Michael Rottmayr, Bilder und figürlicher Schmuck von J. G. Schmidt, Martin Altomonte und Leopold Kupelwieser; an der rechten Außenwand Marmorrelief von Rudolf Weyr (1906), die Kreuzerrichtung an diesem Ort durch Karl den Großen im Jahr 792 darstellend.

Dies ist die Taufkirche zweier Kinder von Wolfgang A. Mozart: Carl Thomas (* 21.9.1784; † 31.10.1858, Mailand) und Theresia Constanzia (* 27.12.1787; † 29.6.1788).

23 Wien 1., Bäckerstraße 16

(Innere Stadt Nr. 806, Obere Bäckerstraße, nach 1712 erbaut)
Haus des Nikolaus Joseph Freiherr von Jacquin

Brief von Wolfgang A. Mozart an Gottfried von Jacquin in Wien:

Prag, den 15ten Januar 1787

... Ich muß ihnen aufrichtig gestehen, daß /: obwohl ich hier alle möglichen Höflichkeiten und Ehren genüsse, und Prag in der That ein sehr schöner und angenehmer ort ist :/ ich mich doch recht sehr wieder nach Wienn sehne; und glau-

ben sie mir, der hauptgegenstand davon ist gewiß ihr Haus …

Seelenverwandtschaft könnte man es nennen, was Wolfgang A. Mozart in dieser hochgebildeten Familie fand. Allwöchentlich kam hier ein Kreis gleichgesinnter junger Künstler und Gelehrter zusammen: Franziska, die hübsche Tochter des Hauses, tüchtigste Schülerin Mozarts, und Gottfried, ihr Bruder, selbst hochmusikalisch, schrieb am 11. April 1787 in Mozarts Stammbuch:

Wahres Genie ohne Herz ist Unding – denn nicht hoher Verstand allein, nicht Imagination, nicht beide zusammen machen Genie – Liebe, Liebe, Liebe ist die Seele des Genies!

Den Jacquins widmete der Komponist eine Reihe seiner „geselligen“ Werke, darunter das Kegelstatt-Trio, das Bandel-Terzett, 6 Terzette für 2 Soprane und Bass, einen Doppelkanon, für Freund Gottfried die Bassarie „Mentre ti lascia o figlia“.

Der Senior der Familie, Nikolaus Joseph Freiherr von Jacquin (* 16.2.1727, Leiden; † 26.10.1817, Wien), war der bedeutendste Botaniker und Chemiker seiner Zeit in Wien. Die Ergebnisse seiner großen wissenschaftlichen Expedition nach Mittelamerika (1755-1759) führten ihn schließlich zur Erstellung der ersten Pharmacopoea Austriaco provincialis. Heute noch beeindrucken die gewaltigen Tropenbäume, die Jacquin als Samenkorn oder kleine Pflanze nach Schönbrunn brachte.

Seine Wirkungsstätte, der von ihm gestaltete Botanische Garten der k. k. Universität (Wien 3., Rennweg 14), war zugleich auch zweiter Wohnsitz der Familie Jacquin. Auch hier trafen sich, vor allem in den Wintermonaten, die Freunde der Familie. Das Gebäude wurde im 19. Jahrhundert durch den heutigen Bau ersetzt. Einige Bäume dürften noch aus der Zeit Jacquins stammen.

In ihren Erinnerungen, erschienen 1844, gab die Schriftstellerin Caroline Pichler Einblick in diese Gesellschaft:

Ein Haus muß ich noch erwähnen, mit dem meine Eltern schon, wie ich noch ein Kind war, in sehr freundschaftlicher Beziehung stand. Es war die Familie des berühmten Freiherrn von Jacquin, der schon damals ein hell leuchtendes Augenmerk für die wissenschaftliche Welt in und außer Wien war und die auch ihrer angenehmen gesellschaftlichen Verhältnisse wegen von Vielen gesucht wurde. Wenn die Gelehrten oder Gelehrtseinwollenden den berühmten Vater und den ihm nahestehenden Sohn aufsuchten, so sammelte sich die jüngere Welt um den jüngeren Sohn Gottfried, den ein lebhafter, gebildeter Geist, ein ausgezeichnetes Talent für Musik, mit einer angenehmen Stimme verbunden, zum Mittelpunkt des heiteren Kreises machte, und um seine Schwester Franziska. Franziska spielte vortrefflich Klavier, sie war eine der besten Schülerinnen Mozarts, der für sie das Trio mit einer Klarinette geschrieben hat, und sang auch überdies sehr hübsch. Da wurden an den Mittwochabenden, die seit ich denken kann, in diesem Hause der Geselligkeit gewidmet waren, auch selbst im Winter, wenn die Familie Jacquin im Botanischen Garten wohnte, in dem Zimmer des Vaters gelehrte Gespräche geführt, und wir jungen Leute plauderten, scherzten, machten Musik, spielten kleine Spiele und unterhielten uns trefflich …

24 Wien 1., Fleischmarkt 11

(Innere Stadt Nr. 756, Hafnersteig, „Griechenbeisl“)

Der zugehörige Turm stellt einen der letzten Reste der alten Wiener Stadtmauer aus dem 13. Jahrhundert dar; seine Fundamente sind römischen Ursprungs.

Wiens älteste erhalten gebliebene Gaststätte (seit 1500) bewahrt als besonderen Schatz Mozarts Namenszug an einer Wand. Berühmte Gäste waren u. a. Beethoven, Schubert, Grillparzer, J. Strauss, Wagner und Waldmüller

stern bey der gräfin Küntzgin und dan späther beym graf Ulefeld gewesen. Wir sind schon auf 2 täge wieder verstellt. Sagen sie es zur Gnade aller Orten, daß wir, Gottlob, gesund und glücklich sind …

Der Wienaufenthalt der Familie Mozart, vorerst nur für wenige Wochen geplant, gestaltete sich zur musikalischen Sensation. Gab es doch bald kein Adelshaus in Wien, das die Salzburger Wunderkinder nicht auch im eigenen Musiksalon erleben wollte. Die Liste dieser Adelshäuser ist heute kaum mehr vollzählig feststellbar. Die prominentesten – bis heute erhalten gebliebenen – waren jedenfalls die hier Angeführten.

27 Wien 13., Schloss Schönbrunn

Orangerie

Für ein Lustfest seiner Schwester Marie Christine und ihres Gemahls Albert von Sachsen-Teschen, seines Mitregenten für die k. k. Niederlande, bestellte Joseph II. bei Mozart ein Singspiel. Die Komödie mit Musik *Der Schauspieldirektor*, bestehend aus Ouvertüre, 2 Arien, ein Terzett und Vaudeville für Cavaglieri und Mad:me Lange, Mad:selle Adamberger und 8 weiteren Akteuren, gelangte am 7. Februar 1786 in der Orangerie des Schlosses Schönbrunn zusammen mit Salieris *Prima la musica e poi le parole* zur Aufführung.

Theaternachrichten

Sonnabends den 11. dies. erschienen zum erstenmal in den k. k. Hoftheater nächst dem Kärnthnerthore die beyden Neuigkeiten, welche für das Gartenfest zu Schönbrunn abgefaßt wurden; erstlich gaben die Nationalhofschauspieler den Schauspieldirektor, ein Gelegenheitsstück in einem Aufzuge, wozu die Musik vom Herrn Kapellmeister Mozart ist. Hierauf folgte von den italienischen Hofoperisten das komische Singspiel in einem Aufzuge: Prima la Musica e poi le parole, genannt, die Musik dazu ist von Herrn Kapellmeister Salieri.

Wiener Zeitung, vom 15. Februar 1786

Theater

Montags, den 1ten May wurde in den k. k. National-Hof-Theater aufgeführt: (zum erstenmal) Le Nozze di Figaro. Die Hochzeit des Figaro. Ein italienisches Singspiel in vier Aufzügen. Die Musik ist von Hrn. Kapellmeister Mozart. „Was in unseren Zeiten nicht erlaubt ist, gesagt zu werden, wird gesungen“ könnte man nach Figaro) sagen. Dieses Stück, das man in Paris verbothen, und hier als Komödie sowohl in einer schlechten als in einer guten Uebersetzung aufzuführen nicht erlaubt hat, waren wir endlich glücklich als Oper vorgestellt zu sehen. Man sieht, daß wir besser daran sind, als die Franzosen.*

Wiener Realzeitung der Wissenschaften, Künste und der Kommerzien, 11. Juli 1786

*) Im Barbier von Sevilla.

28 Wien 8., Auerspergstraße 1

(Josephstadt Nr. 1) Palais Auersperg

Das Palais wurde 1710 nach Entwurf von Johann Lukas von Hildebrandt erbaut. Änderungen im Innern erfolgten gegen Ende des 18. Jahrhunderts, wobei der hintere Gebäudetrakt mit dem Theater abgetragen wurde.

Hier fand am 13. März 1786 die Wiener Erstaufführung von *Idomeneo, re di Creta ossia ed Idamante (Idomeneus)* unter der Leitung von Wolfgang Amadeus Mozart statt. Fünf Jahre zuvor hatte Mozart im Auftrage des Kurfürsten Karl Theodor von Bayern dieses „Dramma per musica", Text von Giambattista Varesco, komponiert. Die Uraufführung fand am 29. Jänner 1781 im Münchener Hoftheater, heute Cuvilliés-Theater, unter Mozarts Leitung statt.

29 Wien 2., Obere Augartenstraße 1

Augarten

Noch Anfang des 17. Jahrhunderts Jagdgebiet vor den Toren der Residenzstadt, wurden das Jagdschloss und der Lustgarten 1683 im Zuge der Belagerung durch das Türkenheer zerstört. Erneuert wurden die Anlagen und das Schloss unter Karl VI. Die Liegenschaft war zeitweise Wohnsitz von Joseph II., der im Jahr 1775 den Augarten der Öffentlichkeit zugänglich machte. In dem ebenerdigen Restaurantgebäude, erbaut 1705, mit Tanzsaal und Billardzimmer ausgestattet, bewirtete der Hoftraiteur Ignaz Jahn seine illustren Gäste, denen ab 1782 auch Morgenkonzerte von ersten Künstlern Wiens geboten wurden.

Wolfgang A. Mozart leitete diese Konzerte in den Anfangsjahren, zog sich aber davon zurück, als er merkte, dass die Aufmerksamkeit des Publikums zunehmend eher den präsentierten Toiletten, den lukullischen Genüssen und gesellschaftlichen Aspirationen galt.

Auch Ludwig van Beethoven schien auf den Programmen der Morgenkonzerte auf. Im Mai 1803 spielte er zusammen mit dem Geiger Bridgetower seine Sonate A-Dur, op. 47. Im Mai

1808 leitete er die Erstaufführung seines Triplekonzerts C-Dur für Klavier, Violine und Violoncello. Auch Franz Schubert konnte man hier begegnen, so im Mai 1824 mit seinem Vokalquartett *Die Nachtigall*.

Als Jahn später auch in der Himmelpfortgasse einen Konzert- und Ballsaal eröffnete, nützte Mozart gleichfalls diesen Saal für seine Akademien.

Zur Zeit des Wiener Kongresses veranstaltete man hier am 6. Oktober 1814 ein großes Volksfest mit Ball. Doch allmählich ebbte das Interesse der Wiener am Augarten trotz allen Bemühungen der Veranstalter im Laufe des 19. Jahrhunderts ab.

In der Nachfolge der vom Wiener Hofkriegsagenten Claudius Innozenz du Paquier 1718 gegründeten und bis 1864 im Bereich Porzellangasse / Alserbachstraße bestandenen k. k. Altwiener „Porcellainfabrik“ bezog 1923 die wiedererstandene Wiener Porzellanmanufaktur dieses alte Gebäude im Augarten. Als „Wiener Porzellanmanufaktur Augarten“ zählt sie heute zu den international renommiertesten Porzellanherstellern.

30 Wien 2., Praterstraße 63

(Leopoldstadt Nr. 360, Marokkanergasse)

Wohnung von Martha Elisabeth Baronin von Waldstätten. Die ausgezeichnete Pianistin war Förderin und enge Vertraute von Wolfgang und Konstanze Mozart.

Brief von Wolfgang A. Mozart an seinen Vater Leopold in Salzburg:

Mon très cher Père!

Vienne ce 7 d'aout 1782

Sie haben sich sehr an ihrem Sohne betrogen, wenn sie glauben konnten, daß er imstande seye eine schlechte Handlung zu begehen; - Meine liebe Konstanze, nunmehro /: gott sey dank :/ meine wirkliche Frau, wußte meine Umstände und alles was ich von ihnen zu erwarten habe, schon lange von mir. – ihre freundschaft aber und liebe zu mir war so groß, daß sie gerne – mit größten freuden ihr ganzes künftiges Leben meinem – schicksal aufopferte. – Ich küsse ihnen die hände und danke mit aller zärtlichkeit die immer ein Sohn für seinen Vater fühlte, für die mir güttigst zugetheilte Einwilligung und vätterlichen Segen … mein liebes Weib wird nächstem Posttage ihren liebsten, besten Schwieger Papa um seinen vätterlichen Segen, und ihre geliebte Schwägerin um die fernere fortdauer ihrer Werthesten freundschaft bitten. – bey der Copulation war kein Mensch als die mutter und die jüngste Schwester. – H. v. thorwart als vormund und beystand von beyden; H. v. Zetto /: Landrath:/ beystand der braut; und der gilowsky als mein beystand. – als wir zusammen verbunden wurden fieng so wohl meine Frau als ich an zu weinen; - davon wurden alle, sogar der Priester, gerührt. – und alle weinten, da sie zeuge unserer gerührten herzen waren. – unser ganzes Hochzeits-festin bestund aus einem supee welches uns die frau Baronin v. Waldstädten gab – welches in der that mehr fürstlich als Baronisch war….

Meine oper ist gestern wieder /: und zwar auf begehren des glucks : gegeben worden; gluck hat mir vielle Complimente darüber gemacht. Morgen speise ich bey ihm …

Hier kam dieses Jahr die Entführung aus dem Serail heraus; die Music zu dieser Oper hat Herr Mozart der Jüngere dazu verfertiget. Sie ist voll Schönheiten, welche wir ein andermal bey besserer Gelegenheit näher zergliedern wollen. Sie übertraf die Erwartungen des Publikums, und des Verfassers. Geschmack und neue Ideen, die hinreissend waren, erhielten den lautesten und allgemeinsten Beyfall.

Cramers „Magazin der Musik“, Wien, Dezember 1782

Bald darauf erschien in der Leipziger Zeitung folgende Notiz:

Ein gewisser Mensch, namens Mozart, in Wien, hat sich erdreistet, mein Drama „Belmonte und Konstanze" zu einem Operntexte zu missbrauchen. Ich protestiere hiemit feierlichst gegen diesen Eingriff in meine Rechte und behalte mir Weiteres vor.

Christoph Friedrich Bretzner, Autor des „Räuschgen"

Tatsächlich hatte sich Mozart „erdreistet", einige Verbesserungen in Text und Handlung vorzunehmen. So etwa die peinlich einfältige Szene, in der Bassa Selim in Belmonte seinen verschollen geglaubten Sohn erkennt und damit die Situation löst. Der Humanist Mozart dagegen weist im Finale den Weg in eine bessere Welt.

Brief von Wolfgang A. Mozart an seinen Vater Leopold in Salzburg:

Mon très cher Père!

Vienne ce 3 mars 1784.

… Sie müssen mir verzeihen, daß ich wenig schreibe, ich habe aber ohnmöglich Zeit, da ich die letzten 3 Mittwochs in der Fasten von 17ten dieses angefangen, 3 Concerte im Trattnerischen Saale auf abonnement gebe, wozu ich schon bereits 100 suscripteurs habe, und bis dahin leicht noch 30 bekomme. – der Preis ist auf alle 3 Concerte 6 fl: v. im Theater werde ich vermuthlich dieses Jahr 2 academien geben – nun können sie sich leicht vorstellen, daß ich nothwendig Neue sachen spiellen muß – da muß man also schreiben. – der ganze vormittag ist den scolaren gewidmet. – und abends hab ich fast alle tage zu spiellen. – sie werden unten die Liste von allen academien, worin ich gewiß spiellen muß lesen. – nun muß ich ihnen geschwind sagen, wie es herging, daß ich so in einen augenblick Privat academien gebe: der claviermeister Richter giebt im benannten Saal die 6 Samstäge Concerte. – die Noblessse sou-

31 Wien 4., Mozartplatz

Mozartbrunnen
Tamino und Pamina in der Szene der „Wasserprobe“
aus der Zauberflöte.

Dieses Meisterwerk des Jugendstils wurde vom Bildhauer und Medailleur Karl Wollek (* 31.10.1862, Brünn; † 8.9.1936, Wien) geschaffen, die architektonische Gestaltung stammt vom Otto-Wagner-Schüler Otto Schönthal (* 10.8.1878, Wien; † 31.12.1961, Wien). Die Bronzetafel an der Rückseite gibt das Enthüllungsdatum mit 8. Oktober 1905 an.

32 Wien 3., Rennweg 91

Pfarrkirche Mariä Geburt, ehemalige Waisenhauskirche

Der nach außen hin schlicht wirkende Bau überrascht im Innern mit einer einheitlichen barock-klassizistischen Einrichtung strahlender Schönheit. Das Hochaltarbild mit der Geburt Mariens stammt nach neuesten Forschungen vom Südtiroler Barockmaler Franz Zoller (1726-1778), der linke Seitenaltar mit der Apotheose der Heiligen Therese zählt zu den Hauptwerken Carl Auerbachs (1723-1788). Ein Messgewand wurde aus dem Brautkleid der Tochter Maria Theresias, Maria Antoinette, gefertigt.

Nach den Intrigen gegen die Aufführung von *La finta semplice* brachte das Jahr 1768 doch einen versöhnlichen Ausklang. Leopold Mozart berichtete in seinem Brief an Lorenz Hagenauer am 12. November 1768:

…Am Fest der unbefleckten Empfängniß wird die neue Kirche des P: Parhamerischen Waisenhauses Benedicirt werden; der Wolfgang hat ihm zu diesem Fest eine solenne Mess, offertorium, und ein Trompetenkonzert für einen Knaben dazu komponirt und dem Waisenhaus verehrt. Glaublich wird der Wolfgang selbst tactieren. Es hat alles sein Ursachen …

Bald nach der Errichtung des Waisenhauses war an der Stelle einer Kapelle diese Kirche von Thaddäus Karner erbaut worden. Sie wurde im Jahr 1768 durch Fürsterzbischof Christoph Anton Migazzi geweiht. Die Pracht und die didaktisch kluge Innenausstattung des für die ärmsten Kinder (!) bestimmten Gotteshauses überrascht und beeindruckt noch heute den Besucher.

Der 12-jährige Wolfgang Amadeus Mozart leitete seine erste, für diesen Anlass komponierte, feierliche Messe, die unter Mitwirkung von Mitgliedern der Hofkapelle und dem Chor der Waisenknaben in Anwesenheit des Kaiserhauses stattfand.

Am 14. Dezember 1768 berichtete Leopold Mozart nach Salzburg:

…Die Messe, so am 7. Decem: vom Wolfgangl beym P. Parhamer in Gegenwart des Kaiser-Hofes aufgeführt worden, und wobey er selbst den Tact geschlagen hat, dasjenige, was die Feinde durch Verhinderung der opera zu verderben gedacht, wieder gut gemacht, und hat den Hof und das Publicum, da der Zulauf erstaunlich war, der Bosheit unserer Widersacher überführt. Das umständlichere werde ich mündlich melden. Nichtsdestoweniger ist ein schönes present von S:r Majestätt der Kayserin erfolget …

In der Nacht vom 4. und 5. d. M. verstarb

allhier der k. k. Hofkapellmeister Wolfgang Amadeus Mozart. Von seiner Kindheit an durch das seltenste musikalische Talent schon in ganz Europa bekannt, hatte er durch die glücklichste Entwicklung seiner ausgezeichnetsten Naturgaben und durch die beharrlichste Verwendung die Stufe der größten Meister erstiegen; davon zeugen seine allgemein beliebten und bewunderten Werke, und diese geben das Maß des unersetzlichen Verlustes, den die edle Tonkunst durch seinen Tod erleidet.

Wiener Zeitung, 7. Dezember 1791

33 Wien 3., Leberstraße 6-8

St. Marxer Kommunalfriedhof

Seinem Stande gemäß im Rahmen eines Begräbnisses III. Klasse und in Abwesenheit seiner Frau Konstanze wurde Wolfgang A. Mozart auf diesem letzten Wiener Biedermeierfriedhof am 6. Dezember 1791 entsprechend der Sanitätsgesetze nach Einbruch der Dunkelheit in einem Schachtgrab (mit den Maßen 1,9x1,3 und 3 Metern Tiefe) gemeinsam mit etwa 20 anderen Verstorbenen begraben. Hier befinden sich neben den letzten Ruhestätten der kulturellen Elite Wiens der Jahre 1784 bis 1874 auch jene anderer bedeutender Persönlichkeiten aus dem Umkreis Mozarts wie von Philipp Graf Cobenzl († 1810); Franz Xaver Niemeczek († 1849), sein erster Biograph, Ratgeber Konstanzes und Erzieher der Söhne Carl Thomas und Wolfgang; die blinde Pianistin Maria Theresia Paradis († 1828); Antonio Diabelli († 1858); Georg Albrechtsberger († 1809); viele Orchestermusiker und Interpreten seiner Opernrollen.

34 Wien 11., Simmeringer Hauptstraße 234

Wiener Zentralfriedhof

In Gruppe 32A, Nr. 55, befindet sich das Ehrengrab von Wolfgang A. Mozart. Ursprünglich stand dieses Grabdenkmal von Hans Gasser (* 2.10.1817, Eisentratten; † 24.4.1868, Pest) ab 1856 am St. Marxer Friedhof und wurde nach dessen Schließung 1875 hierher transferiert. Gasser war neben Anton Dominik von Fernkorn einer der wichtigsten Plastiker der österreichischen Spätromantik (Kaiserin Elisabeth-Statue, Wien 1860; Opernbrunnen, Wien 1868).

A n h a n g

Mozart-Gedenkstätten

in

Baden
Linz
Salzburg

35 Baden, Renngasse 4, Mozarthof

(Gedenktafel)
Erreichbar ab Wien-Oper mit Badener Lokalbahn oder Südbahn

Am 4. Juni 1791 trat Konstanze, die Gattin von Wolfgang A. Mozart, ihren Kuraufenthalt im nahen Baden an. Sie wohnte dort in der Renngasse 4. Der Badener Chorleiter Anton Stoll hatte auf Bitte ihres Gatten die kleine Wohnung neben dem Antonsbad reservieren lassen. Schon vier Tage später reiste Wolfgang A. seiner Frau nach. Als Dank komponierte er hier für den Chorregenten das *„Ave verum corpus"* (KV 618) und leitete die Aufführung seiner B-Dur-Messe (KV 275) in der Badener Stadtpfarrkirche.

Wolfgang A. Mozart an seine Frau Konstanze in Baden am 7. Juli 1791:

… Wenn ich denke, wie lustig und kindisch wir in Baaden beysammen waren – und welch traurige, langweilige Stunden ich hier verlebe – es freuet mich auch meine Arbeit nicht, weil, gewohnt bisweilen auszusetzen und mit Dir ein paar Worte zu sprechen, dieses Vergnügen nun leider eine Unmöglichkeit ist – gehe ich ans Klavier und singe etwas aus der Oper, so muß ich gleich aufhören – es macht mir zuviel Empfindung … Adjeu liebstes Weibchen – ewig dein Mozart.

36 Baden, Pfarrplatz 7

Stadtpfarrkirche St. Stephan

Dreischiffige, spätgotische Staffelkirche. Das Altarbild stammt von Paul Troger.

Hier leitete Wolfgang A. Mozart am 10. Juli 1791 die Aufführung seiner B-Dur-Messe (KV 275).

37 Linz, Landhausplatz 2

(Altstadt 17)
Palais Thun-Hohenstein, Renaissancebau des 16. Jhs.

Wolfgang A. Mozart war ab 1762 wiederholt willkommener Gast der gräflichen Familie Thun-Hohenstein, meist wenn er auf der Durchreise nach Wien oder München war. Im Jahr 1783 komponierte er hier im Eckzimmer des 1. Stockes die „Linzer Symphonie" (KV 425), die er im Landestheater zur Aufführung brachte.

Brief von Wolfgang A. Mozart an seinen Vater Leopold aus Linz, 31. Oktober 1783:

... als wir den anderen tage zu Linz beym thor waren, war schon ein bedienter da, um uns zum alten grafen thun zu führen, alwo wir nun auch Logiren. – Ich kann ihn nicht genug sagen wie sehr man uns in diesem Hause mit höflichkeit überschüttet.- Dienstag als den 4:ten November werde ich hier im theater academie geben. – und weil ich keine einzige Symphonie bey mir habe, so schreibe ich Hals über Kopf an einer Neuen, welche bis dahin fertig seyn muß.- Nun muß ich schlüssen, weil ich nothwendigerweise arbeiten muß ...

38 Linz, Hauptplatz 1

Altes Rathaus

Am Beginn ihrer Konzertreise in die Haupt- und Residenzstadt Wien (siehe Seite 14, vom 18. September 1762 bis 5. Jänner 1763) verbrachte die Familie Mozart vom 26. September bis 4. Oktober acht Tage in Linz. Hier gab der sechsjährige Wolfgang ein öffentliches Konzert im Festsaal des Rathauses. Sie logierten damals im nahen Gasthof Kiener in der Hofgasse.

39 Linz, Hofgasse 14

Gasthof Kiener

Brief von Leopold Mozart an Lorenz Hagenauer:

Linz den 3. Oktober 1762

…Wir sind hier sehr wohl bedienet. Es sind hier zwei Jungfern, die nach dem Tode ihrer Aeltern die Wirtschaft fortführen, und die meine Kinder so lieben, daß sie uns alles thun, was nur immer in Ihren Kräften ist. Meine Kinder setzen übrigens alles in Verwunderung; sonderheitlich der Bub. H. Graf Herberstein ist nach Wien und wird zum Voraus einen großen Lermen dahinbringen …

40 Salzburg, Getreidegasse 9

Haus des Lorenz Hagenauer.

Im Kern aus dem 16. Jahrhundert stammend, wurde es im Jahre 1751 aufgestockt, und um 1800 erneuerte man die Fassade. Die Wohnung der Familie Mozart befand sich im 3. Stock. Hier wurde Wolfgang Amadeus Mozart am 27. Jänner 1756 geboren. Heute befindet sich im diesem Gebäude das Mozart-Museum.

Salzburg

41 Salzburg, Universitätsplatz 1

Alte Universität

Der elfjährige Wolfgang A. Mozart leitete am 13. Mai 1767 in der Großen Aula die Uraufführung seiner lateinischen Schulkomödie *Appollo et Hyazinthus seu Hyacinthi Metamorphosis* (KV 38) für Soli, Chor und Orchester (2 Oboen, 2 Hörner, Streicher und Basso continuo), die von der Benediktiner-Universität zum Schulschluss bestellt worden war.

42 Salzburg, Universitätsplatz / Wiener-Philharmoniker-Gasse 2

Kollegienkirche zu unserer lieben Frau

1696-1707 nach Plänen Johann Bernhard Fischers von Erlach erbaute Kreuzkuppelkirche. Die Altarbilder im Querhaus sind von Johann Michael Rottmayr, 1721 und 1722. Für die feierliche Eröffnung des 40-stündigen Gebetes in der Kollegienkirche am 5. Februar 1769 komponierte Wolfgang A. Mozart die d-Moll Messe KV 65 (61 a).

43 Salzburg, Sigmund-Haffner-Gasse 6

Haus Haffner, korbbogiges Marmorportal von 1741

Zum engsten Freundeskreis Mozarts zählte die Familie des Großhändlers Sigmund Haffner. Anlässlich dessen Nobilitierung komponierte er mit der Symphonie KV 385, bekannt als *Haffnersymphonie*, ein Spitzenwerk symphonischer Schöpfung. Zur Vermählung von Marie Elisabeth Haffner schuf er die ebenfalls beliebte *Haffnerserenade* (KV 250).

44 Salzburg, Residenzplatz 1

Residenz

Die einstige Residenz der Fürsterzbischöfe von Salzburg wurde in den Jahren 1595-1619 unter Einbeziehung älterer Bauten errichtet. Die weitläufige, einige Höfe umschließende Anlage diente später (bis 1918) Mitgliedern des Österreichischen Kaiserhauses als Wohnung. Heute stehen die 1689-1714 gestalteten Prunkräume, die Residenzgalerie und verschiedene Sammlungen zur allgemeinen Besichtigung offen.

Mozart gab in der Residenz zahlreiche Konzerte. Im Rittersaal fand am 12. März 1767 die Uraufführung von Mozarts geistlichem Singspiel *Die Schuldigkeit des ersten Gebots* und am 23. April 1775 jene der Serenata *Il Re pastore* statt.

Salzburg

45 Salzburg, Domplatz

Dom

Dieser erste frühbarocke Sakralbau nördlich der Alpen wurde ab 1614 nach Plänen von Santino Solari erbaut. Im Inneren befindet sich die größte Barock-Kirchenorgel Österreichs, geschaffen 1703 von Johann Christoph Egedacher.

Wirkungsstätte von Leopold und Wolfgang Amadeus Mozart als fürsterzbischöfliche Konzertmeister und Domorganisten mit zahlreichen Uraufführungen ihrer Sakralwerke. Taufkirche von Maria Anna Walburga Ignatia Mozart (Nannerl, geboren am 30. Juli 1751) und Joannes Chrysost(omus) Wolfgangus Theophilus (= lat. Amadeus) Mozart, geboren am 27. Jänner 1756.

46 Salzburg, Erzabtei St. Peter, St.-Peter-Bezirk 1

Stiftskirche St. Peter

Erzabtei und Benediktinerkloster, gegründet 696 durch den Hl. Rupert. Hochromanischer Kirchenbau (1130-1143). Innenausbau zum Teil Spätbarock (1754).

Hier finden sich die Gräber von Wolfgangs Schwester Nannerl und von Michael Haydn.

Der 13-jährige Mozart leitete hier am 15.10.1769 seine Pater Dominicus-Messe (KV 66, C-Dur); in der Folge am 21.12.1777 die Messe KV 275, B-Dur; am 26.10.1783 seine Messe KV 427, c-Moll. Bei dieser Uraufführung sang seine ihm vor Jahresfrist angetraute Frau Konstanze das Sopransolo.

47 Salzburg, Mozartplatz

Mozartdenkmal

Ludwig Michael Schwanthaler (* 26.8.1802, München; † 14.11.1848, München) als Letztgeborener der bedeutendsten Bildhauerfamilie des 17. bis 19. Jahrhunderts entwarf 1842 dieses Monument. Er gilt als Hauptmeister der klassizistischen Plastik Süddeutschlands und schuf 1840 eine „Nymphe“ für Schloß Anif sowie 1844 den „Austriabrunnen“ von der Freyung in Wien. Erst 1850 wurde sein Riesenstandbild der „Bavaria“ auf der Münchner Theresienwiese fertiggestellt.

48 Salzburg, Makartplatz 8

(Ehemaliges Tanzmeisterhaus am damaligen Hannibalplatz)
Mozarts Wohnhaus

Im Oktober 1773, also bald nach der Rückkehr von Leopold und Wolfgang Mozart von einer Reise nach Wien, übersiedelte die Familie Mozart vom Hagenauerschen Haus in der Getreidegasse in das sogenannte „Tanzmeisterhaus", dessen Eigentümer, der Hoftanzmeister Franz Gottlieb Spöckner, bereits Trauzeuge bei der Hochzeit von Wolfgangs Eltern im Jahre 1747 gewesen war. Das Gebäude gelangte nach dessen Tod im Jahr 1767 an seine Base Maria Anna Raab, die dem nach einer standesgemäßeren Wohnung suchenden Leopold Mozart anbot, die Wohnung im 1. Stock zu beziehen. Nachdem seine Frau Anna in Paris 1778 gestorben war, Wolfgang Amadeus endgültig Salzburg verlassen und das Nannerl nach St.Gilgen geheiratet hatte, bewohnte Leopold Mozart bis zu seinem Tod 1787 allein die geräumige Wohnung.

Das 1944 durch Bomben schwer beschädigte Haus wurde 1994-96 nach Originalplänen wieder aufgebaut und als Museum und Archiv eingerichtet.

49 Salzburg, Schwarzstraße 26

Universität für Musik und darstellende Kunst Mozarteum „Zauberflötenhäuschen"

Im Bastionsgarten, der an den Mirabellgarten anschließt und von den Konzertsälen zugänglich ist, befindet sich das „Zauberflötenhäuschen", in welchem Wolfgang A. Mozart Teile seiner letzten Oper (KV 620) komponiert haben soll. Er wäre von seinem Textdichter Emanuel Schikaneder darin eingesperrt worden, um termingerecht bis zur Uraufführung am 30. September 1791 mit der Komposition für sein ab 1787 bestehendes Wiener Freihaustheater fertig zu werden. In diesem kleinen Holzgebäude hätten sich auch Sänger und Sängerinnen zur Probe von Teilen der „Zauberflöte" getroffen.

Der ursprüngliche Standort des „Zauberflötenhäuschens" war an einer Mauer im 6. Hof des Freihauses in Wien-Wieden, das Fürst Starhemberg als Grundherrn gehörte. Er schenkte 1873 das kleine Gebäude der Internationalen Mozart-Stiftung, die es nach Salzburg überstellen und vorerst auf dem Kapuzinerberg aufstellen ließ, bis es an den heutigen Standort transferiert wurde.

50 Salzburg, Linzer Gasse 41

Sebastiansfriedhof

Nachdem der alte Domfriedhof 1599 aufgelassen worden war, diente dieser gleichzeitig von Erzbischof Wolf Dietrich von Raitenau – er selbst ist in der als Mausoleum gestalteten Gabrielskapelle im Zentrum begraben – nächst der Kirche St. Sebastian in Auftrag gegebene Friedhof in der Art italienischer „Campi santi“ als Begräbnisort für alle Bürger der Stadt. Hier befindet sich die letzte Ruhestätte von Leopold Mozart (* 14.11.1719, Augsburg; † 28.5.1787, Salzburg) und Konstanze Nissen, verwitwete Mozart, geb. Weber (* 5.1.1762, Zell im Wiesental; † 6.3.1842, Salzburg); Genovefa Weber (* 2.1.1764 Oberdorf; † 13.3.1798, Salzburg) war Constanzes Tante und Mutter des Komponisten Carl Maria von Weber.

In einer Gruftarkade ist Theophrast von Hohenheim, genannt Paracelsus († 1541), beigesetzt.

Personenregister

Nachweis der wichtigsten Quellen

BUCHNER Eberhard: Das Neueste von gestern. Kulturgeschichtlich interessante Dokumente aus alten deutschen Zeitungen. Bd. 3 (1750-1787). München, 1912

DEUTSCH Otto Erich: Mozart. Die Dokumente seines Lebens. Kassel, Basel, London 1961

EIGL Kurt, Franz HUBMANN: Schönbrunn. Ein Schloss und seine Welt. Wien, München, Zürich, Innsbruck 1980

HUMMEL Walter: Nannerl, W. A. Mozarts Schwester. Zürich, Leipzig, Wien 1952

INTERNATIONALE STIFTUNG MOZARTEUM SALZBURG Hg.: Mozart. Briefe und Aufzeichnungen. Gesamtausgabe. Gesammelt und erläutert von Wilhelm A. Bauer und Otto Erich Deutsch, Bd. I-VII. Kassel, Basel, Paris, London, New York 1963-1975

KAY Juliane: Mein Sohn Wolfgang Amadeus. Glück und Tragik des Vaters Leopold Mozart. Wien, München 1965

KOBALD Karl: Alt-Wiener Musikstätten. Zürich, Leipzig, Wien 1974

KRETSCHMER Helmut: Mozarts Spuren in Wien. (= Wiener Geschichtsblätter, Beiheft 1/2006) Wien 2006

LANDON C. Robbins: Das Mozart-Kompendium – Sein Leben, seine Musik. München 1991

LAND SALZBURG mit INTERNATIONALER STIFTUNG MOZARTEUM: „Mozart – Bilder und Klänge". 6. Salzburger Landesausstellung Schloss Kleßheim Salzburg, 23.3.-3.9.1991

MESSNER Robert: Die Innere Stadt Wien im Vormärz. Historisch-topographische Darstellung auf Grund der Katastralvermessung, Bd.1-3, Wien 1996

MESSNER Robert: Die Landstraße im Vormärz. Historisch-topographische Darstellung der südöstlichen Vorstädte und Vororte Wiens auf Grund der Katastralvermessung. Wien 1978

MESSNER Robert: Die Leopoldstadt im Vormärz. Historisch-topographische Darstellung der nordöstlichen Vorstädte und Vororte Wiens auf Grund der Katastralvermessung. Wien, 1962.

Musikalisches Conversations-Lexikon. Encyklopädie der gesammten Musik-Wissenschaft. Hamburg 1840

Neuestes, verbessertes Schema aller in der k. k. Haupt- und Residenzstadt Wien und ihren Vorstädten befindlichen Häusern. Wien 1837, 1838 und 1839

PETZ-GRABENBAUER Maria: Zu Leben und Werk von Nikolaus Joseph Freiherr von Jacquin. (Wiener Geschichtsblätter 50. Jg. Wien 1995, Heft 3)

PICHLER Caroline: Denkwürdigkeiten aus meinem Leben. Wien 1844, 1. Bd., S. 179f.

Schematismus des Österreichischen Kaisertums. Wien 1790

SCHENK Erich: Wolfgang Amadeus Mozart 1756-1956. Eine Biographie. Zürich, Leipzig, Wien 1955

SCHIMMER Karl August: Ausführliche Häuser-Chronik der innern Stadt Wien mit einer geschichtlichen Uebersicht sämmtlicher Vorstädte und ihrer merkwürdigsten Gebäude. Wien 1849

SOLOMON Maynard: Mozart. Ein Leben. Aus dem Amerikanischen von Max Wichtl. Stuttgart, Weimar 2006

Wiener Realzeitung der Wissenschaften, Künste und der Kommerzien, 1786

Wiener Zeitung, 1784-1791

ZINZENDORF Karl Graf von: Wien von Maria Theresia bis zur Franzosenzeit. Aus den Tagebüchern des Grafen Karl v. Zinzendorf. Ausgewählt, übersetzt, eingeleitet und kommentiert von Hans Wagner. (= Jahresgabe der Wiener Bibliophilen Gesellschaft zu ihrem 60jährigen Bestand) Wien 1972

Von Carl Nödl sind im Österreichischen Kunst- und Kulturverlag lieferbar:

Wege zu Franz Schubert

Erhaltene Stätten in Wien, Nieder- und Oberösterreich, Salzburg, Steiermark, Burgenland und der Slowakei

88 Seiten, 51 Farbabbildungen und 2 Wegekarten, Format 19x11 cm,
ISBN 978-3-85437-029-1. € 10,- / sFr 17,-

Mit dieser Dokumentation erlebt man authentische Begegnungen mit Franz Schubert in konzentrierter Unmittelbarkeit: Vater, Bruder und treue Freunde des Komponisten führen den Leser an die uns bis heute erhalten gebliebenen Stätten seines Lebens. Anhand von Originaltexten berichten sie von seinen Jugendjahren im Vaterhaus, seinen Erlebnissen als Hofsängerknabe im Konvikt, als Lehrer und freier Komponist.

Franz Schubert und die Künstlerfamilie Cramolini

128 Seiten, 42 Farb- und Schwarz-Weiß-Abbildungen, Format 21x21 cm, Hardcover mit Fadenbindung. Als Beilage eine Musik-CD mit der Welterstaufnahme des Programmes der Geburtstagsserenade von 1828 mit Originalinstrumentierung und Wiener Philharmoniker
ISBN 978-3-85437-218-9
€ 36,30 / sFr 71,-

„Eine kleine Kostbarkeit für jeden Schubert-Experten und -Liebhaber ist der vorliegende Band, der mit einer beiliegenden CD mit der Welterstaufnahme des Programms der Geburtstagsserenade im Kahlenbergerdorf anno 1828 auch authentischen akustischen Genuss bietet. Der in der Schubertliteratur, aber auch in Künstlerlexika immer wieder zu begegnenden Ungenauigkeit im Hinblick auf Mitglieder der Familie Cramolini begegnet der Autor in bewährter Sachkenntnis und unermüdlicher Grundlagenforschung. Es entstand ein bezaubernder Band …“ (Wiener Geschichtsblätter, Klaralinda Ma-Kircher)

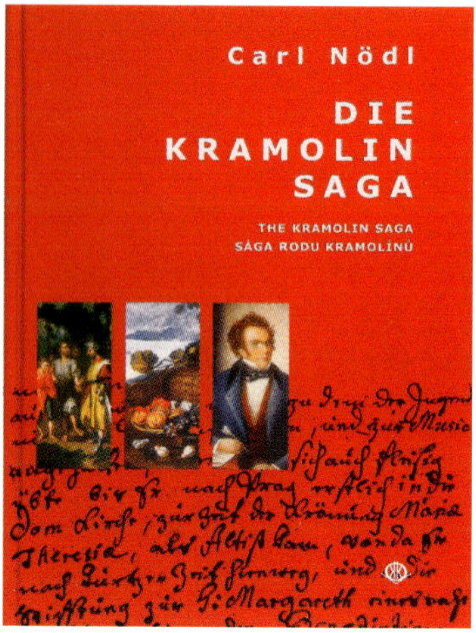

Die Kramolin Saga / The Kramolin Saga / Sága Rodu Kramolínů

280 Seiten, 47 Farbabbildungen, 76 Schwarz-Weiß-Bilder, Format 28x20 cm, Hardcover mit Fadenbindung,
ISBN 978-3-85437-279-0;
€ 54,- / sFr 90,-

„Acht Generationen einer außergewöhnlichen Familie werden in diesem informativen Band präsentiert. Mit ebenso viel Sachkenntnis wie Liebe zur Materie hat der Autor aus mehreren Ländern Informationen zu den angesehenen Künstlern und Musikern dieser Familie zusammengetragen … eine Fülle kulturhistorischer Details, die – abgesehen von der wissenschaftlichen Leistung des Autors – diese Familiengeschichte sehr interessant und lesenswert gestaltet.“ (Wiener Geschichtsblätter, Klaralinda Ma-Kircher)

Die k. k. Haupt- und Residenzstadt Wien und das Kaiserreich Österreich 1800 bis 1850

360 Seiten; zahlreiche Abbildungen, Wappen, Pläne, Dokumente, Tabellen, Listen und Statistiken. Format 24,5 x 17 cm; Hardcover mit Fadenbindung.
ISBN 978-3-85437-293-6
€ 45,- / sFr 87,-

Inhalt:

Das Kaiserreich; Die Residenzstadt Wien; Die Bevölkerung; Bildung; Unterhaltung; Theater; Musik; Literatur; Gelehrte; Hofdekrete; Maße; Verkehr; Finanzwesen; Handel; Landwirtschaft; Bergbau; Industrie; Bettler, Kriminalität; Kriege usw.

Weiters sind zu Wolfgang Amadeus Mozart und Franz Schubert im Österreichischen Kunst- und Kulturverlag lieferbar:

12 Scherenschnitte zum Opernwerk von Wolfgang Amadeus Mozart

von Christl v. SCHWIND. Kunstpostkarten-Set in Mappe mit 12 Scherenschnitten mit Textheft von Gerhard WALTERSKIRCHEN und Michael MARTISCHNIG. ISBN 978-3-85437-037-7. € 11,- / sFr 18,-

Themen: Bastien und Bastienne; Die Entführung aus dem Serail; Figaros Hochzeit; Don Giovanni; Cosi fan tutte; Die Zauberflöte.

12 Scherenschnitte über das Wunderkind Wolfgang Amadeus Mozart

von Christl v. SCHWIND. Kunstpostkarten-Set in Mappe mit 12 Scherenschnitten mit Textheft von Gerhard WALTERSKIRCHEN und Michael MARTISCHNIG. ISBN 978-3-85437-036-9. € 11,- / sFr 18,-

Kein Zweifel, die Begabung Mozarts, die sich bereits in ersten Kindertagen offenbarte, war ein Wunder, und seit Monteverdi war es keinem Komponisten mehr gelungen, in seinem Opernschaffen die Komplexität menschlichen Lebens und Handelns mit derartiger Differenziertheit auf die Bühne zu stellen.

12 Scherenschnitte zu Franz Schubert

Von Christl v SCHWIND. Kunstpostkarten-Set in Mappe mit 12 Scherenschnitten mit Textheft von Walter DEUTSCH und Michael MARTISCHNIG. ISBN 978-3-85437-043-7. € 11,- / sFr 18,-

Themen: Schubertiade; Landpartie der Schubertianer nach Atzenbrugg; Schubert begegnet den drei legendären Schwestern; „Gretchen am Spinnrad“; „Heidenröslein“; „Erlkönig“; „Die Forelle“; „Der Musensohn“; „Das Wandern“; „Der Lindenbaum“; „Die Post“; „Ständchen“.

Mozartstätten in Salzburg

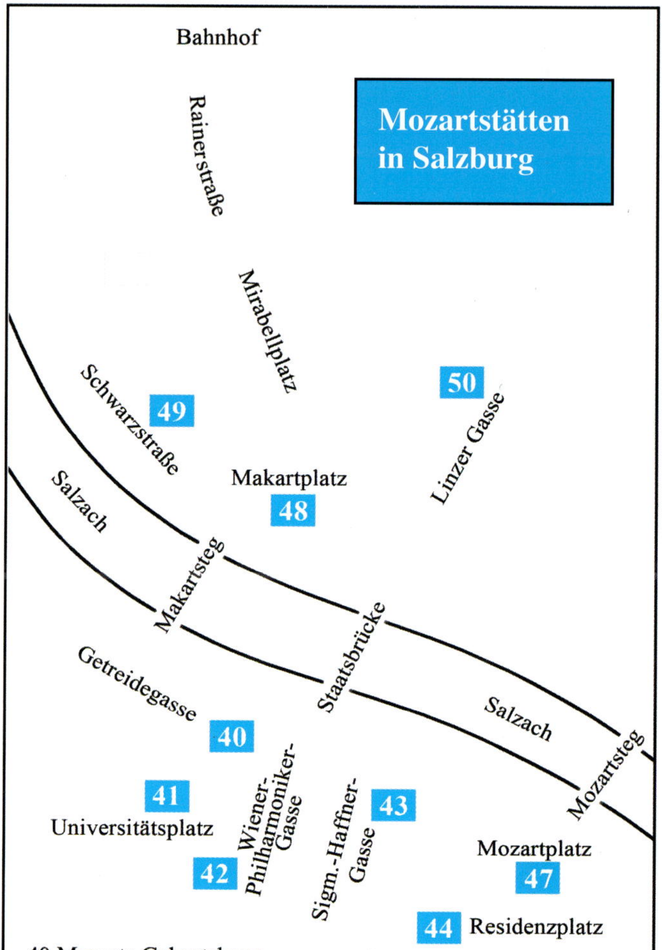

40 Mozarts Geburtshaus
41 Alte Universität
42 Kollegienkirche
43 Haffnerhaus
44 Residenz
45 Dom
46 Erzabtei St. Peter
47 Mozartdenkmal
48 Mozarts Wohnhaus
49 Zauberflötenhäuschen
50 Friedhof St. Sebastian